KB270731

왕초보를 위한

초간단 영어표현

지은이 **유정오**

영어 초보자를 위한 단어&어휘 분야, 회화입문서 등 일상회화에서 실제로 많이 쓰이고 있는 생생한 영어표현을 담은 영어교재 저술 및 개발에 힘쓰고 있다. 저서로는 〈왕초보를 위한 굿모닝! 생활영어 100〉〈365일 Let's talk 상황영어 핵심표현〉〈왕초보 문답식 상황영어 123〉〈30일 매일매일 혼자서 끝내는 일상생활 영어스피킹〉〈TOP 단계별 영어표현〉 등이 있다.

왕초보를 위한

초간단 영어표현

개정판 1쇄 인쇄 2026년 2월 5일
개정판 1쇄 발행 2026년 2월 10일

지 은 이 유정오
펴 낸 이 천재민

펴 낸 곳 하다북스
출 판 등 록 제2003-000001호
주   소 서울특별시 강북구 삼양로19길 25, 107동 702호
전   화 02-6221-3020
팩   스 02-6221-3040
홈 페 이 지 www.hadabook.com

ⓒ 유정오, 2026
ISBN 978-89-92018-95-1 12740

Talk & Talk
English!

하다북스

짧고 간단한 핵심 표현 한마디
우리말로 쉽게 보고 쉽게 따라한다!

1. 바로바로 통하는 짧고 쉬운 영어 표현!

이 책은 일상, 감정 표현, 의견을 말할 때, 대화하기, 인사와 소개, 인간관계, 개인생활, 전화 표현 등 전체 8개 Part, 80개 상황을 설정하여 찾기 쉽고 바로바로 활용할 수 있도록 구성하였습니다. 특히, 핵심적인 4~5개의 단어로 구성된 영어 표현만을 엄선하여 짧고 간단하지만 네이티브와 바로 통하는 살아 있는 영어를 구사할 수 있습니다.

2. 하루 10분 매일매일, 초간단 영어 따라하기!

하루 10분 매일매일, 남는 자투리 시간을 이용하여 영어 표현을 익힐 수 있도록 손에 잡히는 미니북 사이즈로 만들어 활용성을 더욱 높였습니다.

3. 상황에 맞는 영어 표현이 입에서 술술!

80가지 상황별로 엄선한 핵심 표현과 함께 한글 발음을 표기하여 초보자도 영어 문장을 쉽게 보고 쉽게 따라할 수 있습니다.

쉽고 빠른 스피킹을 위한 한국어&영어 동시 녹음 MP3 파일 듣기!

각 Part별 내용마다 MP3 파일을 따로 구성하여 필요한 부분만 골라서 반복해서 들을 수 있도록 하였습니다. 또한, 이 MP3 파일만 들어도 이 책의 모든 회화 표현을 듣고 말할 수 있도록 한국어 문장과 영어 표현 모두를 원어민의 음성으로 녹음하였습니다. 하루 10분 매일매일, 잘 듣고 따라하다 보면 생생하게 살아있는 알짜 영어표현을 익힐 수 있습니다.

차 례 | Contents

Part 1 일상

Part 2 감정 표현

Part 3 의견을 말할 때

Part 4 대화하기

Part 1

일상

- **It's time to get up!**
  잇츠 타임 투 게럽

- **Did you sleep well?**
  디쥬 슬리프 웰

- **I slept in.**
  아이 슬럽틴

- **Hurry up and get ready!**
  허뤼 업 앤 겟 레디

- **I'm leaving. Bye mom!**
  아임 리빙. 바이 맘

- **I'm home.**
  아임 호움

- **Welcome home!**
  웰컴 호움

- **How was school?**
  하우 워즈 스쿨

- **How was your day?**
  하우 워즈 유어 데이

001 밤을 꼬박 샜어!

002 나 가위 눌렸어.

003 저 지금 나가요.

004 난 요리하는 거 좋아해.

005 어서 와서 먹어.

006 식탁 좀 치워 줄래?

007 나 바가지 썼어.

008 줄을 서세요!

009 나한테 화내지 마!

I stayed up all night!
아이 스테이덥 올 나잇

I froze in my dreams.
아이 프로우진 마이 드림스

I'm taking off now.
아임 테이킹 오프 나우

I like to cook.
아이 라익 투 쿡

Come and get it.
컴 앤 게릿

Would you clear the table?
우쮸 클리어 더 테이블

I was overcharged.
아이 워즈 오버차쥐드

Get in line!
게린 라인

Don't get mad at me!
돈 겟 매뎃 미

How is the weather today?
하우 이즈 더 웨덜 터데이

Is it going to rain today?
이짓 고잉 투 레인 터데이

It looks like rain.
잇 룩스 라익 레인

The weather forecast was wrong.
더 웨덜 퍼얼캐숫 워즈 롱

The weather is fine today.
더 웨덜 이즈 파인 터데이

The weather is nasty today.
더 웨덜 이즈 내스티 터데이

Will it be fine tomorrow?
월 잇 비 파인 터마로우

The storm is on the way.
더 스톰 이즈 언 더 웨이

The rainy season has set in.
더 레이니 시즌 해즈 셋 인

001 무척 더워.

002 너무 화창한 날씨야!

003 오늘은 너무 추워.

004 오늘은 흐리네요.

005 오늘은 좀 쌀쌀해.

006 오늘은 바람이 심해.

007 봄이 가장 좋은 계절이야.

008 더운 날씨는 못 견디겠어.

009 바람이 잔잔해졌어.

○ **It's a Muggy day.**
잇처 머기 데이

○ **What a beautiful day!**
와러 뷰리풀 데이

○ **It's so cold today.**
잇츠 쏘 코울드 터데이

○ **It's cloudy today.**
잇츠 클라우디 터데이

○ **It's a bit chilly today.**
잇처 빗 칠리 터데이

○ **It's gusty today.**
잇츠 거스티 터데이

○ **Spring is the best season.**
스프링 이즈 더 베슷 시즌

○ **I can't take hot weather.**
아이 캔 테익 핫 웨덜

○ **The wind is dying down.**
더 윈디즈 다잉 다운

○ **When is your birthday?**
웬 이쥬어 벌쓰데이

○ **What's the date?**
왓츠 더 데잇

○ **Let me check my calendar.**
렛 미 첵 마이 캘런더

○ **What's the date today?**
왓츠 더 데잇 터데이

○ **It's October 15th.**
잇츠 악토버 핍틴스

○ **What day is it today?**
왓 데이 이짓 터데이

○ **What's the occasion?**
왓츠 디 어케이젼

○ **What month is it?**
왓 먼쓰 이짓

○ **What holiday is it today?**
왓 할러데이 이짓 터데이

001 ■ 몇 시에 폐점해요?

002 ■ 6시입니다.

003 ■ 몇 시야?

004 ■ 거의 10시가 다 됐어.

005 ■ 2시 10분이야.

006 ■ 5시 15분 전이야.

007 ■ 7시 15분이야.

008 ■ 난 시계 없어.

009 ■ 내 시계는 5분 빨라.

○ **What time do you close?**
왓 타임 두 유 클로즈

○ **It's six o'clock.**
잇츠 식스 어클라악

○ **Can you tell me the time?**
캔 유 텔 미 더 타임

○ **It's almost ten.**
잇츠 오올모슷 텐

○ **It's ten after two.**
잇츠 텐 애프터 투우

○ **It's a quarter to five.**
잇처 쿼러 투 파이브

○ **It's a quarter past seven.**
잇처 쿼러 패슷 쎄븐

○ **I don't have a watch.**
아이 돈 해버 왓치

○ **My watch is 5 minutes fast.**
마이 왓치 이즈 퐈이브 미닛츠 패스트

07 길을 물을 때

○ **Where are we?**
웨어라 위

○ **Is it near here?**
이짓 니어 히얼

○ **Where's the exit?**
웨어즈 디 엑싯

○ **Can I walk there?**
캐나이 웍 데얼

○ **How long does it take?**
하울롱 더짓 테익

○ **Five minutes on foot.**
퐈이브 미닛츠 온 풋

○ **Go straight ahead.**
고우 스트레잇 어헤드

○ **It's over there.**
잇츠 오버 데얼

○ **I'm new here, too.**
아임 뉴 히얼, 투우

○ **What is your hobby?**
왓 이쥬어 하비

○ **I'm a film buff.**
아임 어 필름 버프

○ **I like action movies.**
아이 라익 액션 무비스

○ **I enjoy reading books.**
아이 인조이 리딩 북스

○ **I enjoy fishing.**
아이 인조이 퓌슁

○ **I love traveling.**
아이 러브 트래벌링

○ **What's your favorite sport?**
왓츄어 페이버릿 스포츠

○ **I'm mad about soccer.**
아임 매드 어바웃 사커

○ **I swim like a fish.**
아이 스윔 라익커 피쉬

⊃ **E-mail it back to me.**
이메일 잇 백 투 미

⊃ **What's your e-mail address?**
왓츄어 이메일 어드레쓰

⊃ **I book-marked it.**
아이 북마크트 잇

⊃ **I keep getting spam-mail.**
아이 킵 게링 스팸메일

⊃ **All the data is lost.**
올 더 데이터 이즈 로스트

⊃ **I'm used to computers.**
아임 유스투 컴퓨러즈

⊃ **He is into computer games.**
히 이즈 인투 컴퓨러 게임즈

⊃ **The computer is down.**
더 컴퓨러 이즈 다운

⊃ **The printer doesn't work.**
더 프륀터 더즌 워크

● **I have a headache.**
아이 해버 헤데익

● **I have a sore throat.**
아이 해버 쏘어 뜨로우트

● **I have a stomachache.**
아이 해버 스토먹에익

● **I have diarrhea.**
아이 햅 다이어리어

● **I feel dizzy.**
아이 퓔 디지

● **I have a fever.**
아이 해버 피버

● **I'm constipated.**
아임 칸스터페이티드

● **My eyes itch.**
마이 아이즈 이치

● **I have eye trouble.**
아이 햅 아이 트러블

○ **I ache all over.**
아이 에익 올 오버

○ **My blood type is A.**
마이 블러드 타입 이즈 에이

○ **I'm allergic to dust.**
아임 앨러직 투 더스트

○ **I have an earache.**
아이 해번 이어에익

○ **I sprained my ankle.**
아이 스프뤠인드 마이 앵클

○ **Is it going to scar?**
이짓 고잉 투 스칼

○ **I've got a toothache.**
아이브 가러 투쓰에익

○ **My gums are bleeding.**
마이 검즈 아 블리딩

○ **I have a loose tooth.**
아이 해버 루즈 투쓰

배운 내용을 다시 한 번 영어로 말해보세요.

1. 일어날 시간이야!
   It's time to (　　　　)!

2. 너무 화창한 날씨야!
   What a (　　　　) day!

3. 7시 15분이야.
   It's a (　　　　) past seven.

4. 몸살이 났어요.
   I ache (　　　　).

5. 출구는 어디입니까?
   Where's the (　　　　)?

6. 내게 다시 메일 보내.
   E-mail it (　　　　) me.

✏️ 정답

1 get up	**2** beautiful
3 quarter	**4** all over
5 exit	**6** back to

다음에 나오는 우리말을 영어로 말해보세요.

1. 잘 잤니?

2. 나 바가지 썼어.

3. 비가 올 것 같아.

4. 너 생일이 언제야?

5. 난 영화광이야.

6. 두통이 있어요.

 정답

1 Did you sleep well?	**2** I was overcharged.
3 It looks like rain.	**4** When is your birthday?
5 I'm a film buff.	**6** I have a headache.

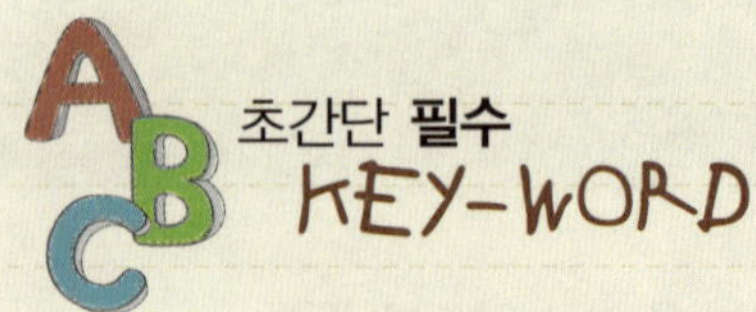

집, 주택	house	하우스
아파트	apartment	어파트먼트
침실	bedroom	베드 룸-
손님용 침실	guest room	게스트 룸-
거실	living room	리빙 룸-
공부방, 서재	study	스터디
욕실	bathroom	배쓰 룸-
계단	stairs	스테어즈
현관의 입구	front door	프런트 도-
마루	floor	플로-
문	door	도-
창문	window	윈도우
지붕	roof	루-프
우편함	mailbox	메일박스
문패	nameplate	네임플레이트
지하실	basement	베이스먼트

테라스	terrace	테러스
가든	Garden	가든
화단	flower bed	플라우어 베드
잔디	lawn	론-
연못	pond	판드
장식장	cabinet	캐버닛
거울	mirror	미러
양복장	wardrobe	워드로웁
침대	bed	베드
깔개	rug	러그
에어컨	air-conditioner	에어 컨디셔너
냉장고	refrigerator	리프리저레이터
서가, 책꽂이	bookshelf	북셸프
책장	bookcase	북케이스
책상	desk	데스크
의자	chair	체어
달력	calendar	캘린더
부엌	kitchen	키친
식탁	dinner table	디너 테이블
식탁 의자	dinner table chair	디너 테이블 체어
식탁보	tablecloth	테이블크로쓰
개수대	sink	싱크
가스레인지	gas range	개스레인지
오븐	oven	어번

Part 2
감정표현

○ **What a great feeling!**
와러 그레잇 필링

○ **I'm happy for you.**
아임 해피 풔 유

○ **I'm jumping for joy.**
아임 점핑 풔 조이

○ **Good for you!**
굳 풔 유

○ **I'm glad to hear that.**
아임 글랫 투 히얼 댓

○ **I'm tickled pink.**
아임 티클드 핑크

○ **I'm walking on air.**
아임 워킹 온 에어

○ **What a lark!**
와러 락크

○ **What wonderful news!**
왓 원더풀 뉴스

I'm so sad.
아임 쏘 쎄드

I feel like crying.
아이 필 라익 크라잉

I feel down.
아이 필 다운

I'm grieving.
아임 그리빙

I'm feeling rather sad.
아임 필링 래덜 쌔드

I have tears in my eyes.
아이 햅 티어스 인 마이 아이즈

I'm heartbroken.
아임 하아트브로컨

It really hurt me.
잇 리얼리 허트 미

I'm distressed.
아임 디쓰트레스트

○ **Pull yourself together.**
푸울 유어쎌 투게더

○ **Don't worry. Take it easy.**
돈 워리. 테이킷 이지

○ **Keep your chin up.**
킵 유어 친 업

○ **You look so sad.**
유 룩 쏘 쎄드

○ **You're taking this too hard.**
유아 테이킹 디스 투우 하드

○ **Why the long face?**
와이 더 롱 페이스

○ **Don't get too down!**
돈 겟 투우 다운

○ **Tomorrow will look after itself.**
터마로우 윌 룩 애프터 잇쎌프

○ **You'll do better next time.**
유일 두 베러 넥슷 타임

- **I have a lot on my mind.**
  아이 해버 랏 온 마이 마인드

- **I'm stressed out.**
  아임 스트레시드 아웃

- **I'm concerned about it.**
  아임 컨서런드 어바우릿

- **I feel hopeless.**
  아이 필 홉프리스

- **My life is so hopeless.**
  마이 라이프 이즈 쏘 호우플리스

- **I was in a bad mood.**
  아이 워즈 이너 배드 무드

- **I'm on the edge right now.**
  아임 온 디 에즈 롸잇 나우

- **I have not slept a wink.**
  아이 해브 낫 스렙터 윙크

- **I'm a nervous wreck.**
  아임 어 네얼버스 렉

001 당신 잘하고 있어요!

002 너라면 할 수 있어!

003 다 잘 될 거야.

004 기운 내!

005 자신을 믿어봐.

006 다음번엔 꼭 잘 될 거야.

007 너무 기죽지 마!

008 당신이 해낼 것이라고 믿어요.

009 저는 당신 편이에요.

- **You're doing great!**
  유아 두잉 그뤠잇

- **You can do it!**
  유 캔 두 잇

- **It will turn out well.**
  잇 윌 턴 아웃 웰

- **Go for it!**
  고우 풔 릿

- **Believe in yourself.**
  빌리빈 유어쎌프

- **Better luck next time.**
  베러 럭 넥슛 타임

- **Don't put yourself down!**
  돈 풋 유어쎌 다운

- **I bet you can make it.**
  아이 벳 유 캔 메이킷

- **I'm on your side.**
  아임 언 유어 사이드

○ **Well, never mind.**
웰, 네버 마인드

○ **Do your best!**
두 유어 베슷

○ **Don't be dejected.**
돈 비 디젝티드

○ **Don't worry about it.**
돈 워리 어바우릿

○ **Trust yourself!**
트뤄슷 유어셀프

○ **We are all here for you.**
위 아 올 히얼 풔 유

○ **You can start anew.**
유 캔 스탓 어뉴

○ **Don't give up!**
돈 기법

○ **Be positive.**
비 파저티브

○ **I'm getting angry!**
아임 게링 앵그리

○ **I can't stand it any more.**
아이 캔 스탠딧 에니 모얼

○ **I'm really mad.**
아임 리얼리 매드

○ **Shut up!**
셧 업

○ **Get the hell out of here!**
겟 더 헬 아우러브 히얼

○ **You are out of line.**
유 아 아웃 어브 라인

○ **Don't sass me back!**
돈 쌔스 미 백

○ **That's a bit much.**
댓처 빗 머취

○ **He really pissed me off.**
히 리얼리 피스트 미 어프

001 ▫ 말문이 막히네요.

002 ▫ 놀랐잖아요.

003 ▫ 맙소사! 놀라서 말도 못하겠군.

004 ▫ 세상에!

005 ▫ 정말 놀랍구나!

006 ▫ 이거 충격적인데요.

007 ▫ 뭐라구!

008 ▫ 오, 이런! 말도 안 돼!

009 ▫ 무서워 죽는 줄 알았어요.

● **I was tongue-tied.**
아이 워즈 터엉타이드

● **You surprised me.**
유 써프라이즈드 미

● **Oh, God! I'm dumb-struck.**
오 가드! 아임 덤스트럭

● **What in the world!**
왓 인 더 월드

● **What a surprise!**
와러 써프라이즈

● **That's a bit of a shock.**
댓처 비러브 어 쇼크

● **You don't say!**
유 돈 쎄이

● **Oh, no! No way!**
오우 노! 노 웨이

● **I was scared to death.**
아이 워즈 스케얼드 투 데쓰

001 ■ 너한테 실망했어.

002 ■ 참 뻔뻔스럽군!

003 ■ 창피해!

004 ■ 끔찍해!

005 ■ 기분 나빠.

006 ■ 너는 항상 불평만 해.

007 ■ 지루해서 죽는 줄 알았어!

008 ■ 나를 뭘로 생각하는 거야?

009 ■ 날 좀 가만히 내버려 둬!

- **You've disappointed me.**
  유브 디스어포인티드 미

- **What nerve!**
  왓 너브

- **What a shame!**
  와러 쉐임

- **That's awful!**
  댓츠 어풀

- **I feel bad.**
  아이 필 배드

- **You're always complaining.**
  유아 올웨이즈 컴프레이닝

- **It was a real drag!**
  잇 워저 리얼 드레그

- **What do you take me for?**
  왓 두 유 테익 미 포

- **Leave me alone!**
  리브 미 어로운

배운 내용을 다시 한 번 영어로 말해보세요.

1. 네가 잘 돼서 기뻐!
   I'm (   ) for you.

2. 듣던 중 반가운 소식이네요.
   I'm (   ) to (   ) that.

3. 염려하지 마세요.
   Don't (   ) about it.

4. 너무 슬퍼요.
   I'm so (   ).

5. 용기를 잃지 말고 기운 내세요.
   (   ) your (   ) up.

6. 너무 스트레스를 받아.
   I'm (   ) out.

정답

1 happy	**2** glad, hear
3 worry	**4** sad
5 Keep, chin	**6** stressed

다음에 나오는 우리말을 영어로 말해보세요.

1. 아이 재미있어!

2. 너라면 할 수 있어.

3. 포기하지 마!

4. 화가 나!

5. 정말 놀랍구나!

6. 기분 나빠.

정답

1 What a lark!   **2** You can do it!

3 Don't give up!   **4** I'm getting angry!

5 What a surprise!   **6** I feel bad.

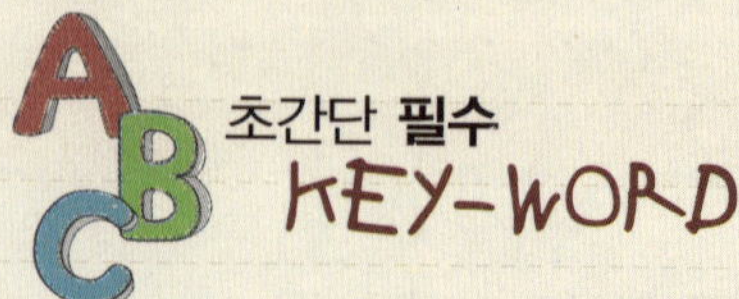

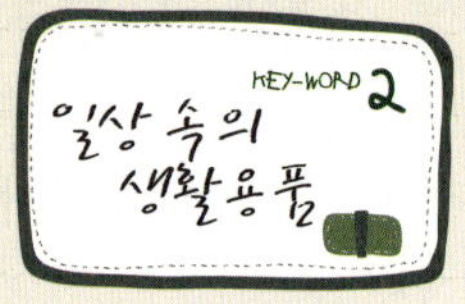

일용품	daily needs	데일리 니-즈
비누	soap	소우프
수건, 타월	towel	타우얼
목욕 수건	bath towel	바쓰 타우얼
화장지	tissues	티슈-즈
휴지	toilet paper	토일럿 페이퍼
손톱깎이	nail clippers	네일 클리퍼즈
이쑤시개	tooth pick	투쓰 픽
칫솔	toothbrush	투-쓰브러시
치약	toothpaste	투-쓰페이스트
실	thread	뜨레드
바늘	needle	니-들
호스	hose	호우즈
회중전등	flashlight	플래쉬라이트
솔	brush	브러쉬
빗자루	broom-stick	브룸-스틱

쓰레받기	dustpan	더스트팬
양동이	bucket	버킷
스펀지	sponge	스펀지
압핀	thumb-tack	썸택
안전핀	safety pin	세이프티 핀
우산	umbrella	엄브렐러
옷걸이	hanger	행어
진공청소기	vacuum cleaner	배큐엄 클리-너
걸레	dust-cloth	더스트 클로-쓰
(담배)재떨이	ashtray	애쉬트레이
휴지통	wastebasket	웨이스트배스킷
국자	ladle	레이들
주전자	kettle	케틀
물 주전자	jug	저그
커피 주전자	coffee port	커피 파트
커피 잔	coffee cup	커피 컵
물잔	water glass	워터 글래스
꽃병	flower vase	플라워 베이스
고무장갑	rubber gloves	러버 글러브즈
(합성)세제	detergent	디터-전트
설거지통	dishpan	디쉬팬
물뿌리개	watering can	워-터링 캔
(원예용)모종삽	trowel	트라우얼
삽, 부삽	shovel	셔벌

Part 3
의견을 말할 때

◉ **How about you?**
하우 어바우츄

◉ **What's on your mind?**
왓츠 온 유어 마인드

◉ **Why do you think so?**
와이 두 유 띵 쏘

◉ **Do you have any ideas?**
두 유 해베니 아이디어스

◉ **Do you understand it?**
두 유 언더스탠딧

◉ **What's your position?**
왓츄어 포지션

◉ **Is this very unfair?**
이즈 디스 붸리 언페어

◉ **Do you think so?**
두 유 띵크 쏘

◉ **Are you for or against it?**
아 유 풔 오어 어겐스팃

001 ▪ 이해가 안 돼요.

002 ▪ 이해가 돼요.

003 ▪ 좋은 수가 있어.

004 ▪ 네 생각을 말해줘.

005 ▪ 당신 의견을 듣고 싶어요.

006 ▪ 알아서 해!

007 ▪ 일단 내 애기 먼저 들어.

008 ▪ 무슨 말을 하는지 모르겠어.

009 ▪ 그건 이해가 안 되는데요.

- **I don't understand.**
  아이 돈 언더스탠드

- **It makes sense to me.**
  잇 메익스 쎈스 투 미

- **I've got an idea.**
  아이브 갓 언 아이디어

- **Tell me what you think.**
  텔 미 왓츄 띵크

- **I want your feedback.**
  아이 원츄어 퓌드백

- **Suit yourself.**
  슈트 유어셀

- **Listen before speaking.**
  리슨 비풔 스피킹

- **I don't follow you.**
  아이 돈 팔로우 유

- **It's out of my depth.**
  잇츠 아웃 어브 마이 뎁스

23 자신의 판단

- **You should try it.**
  유 슈드 트롸이딧

- **You said it.**
  유 쎄딧

- **I got mixed up.**
  아이 갓 믹스드 업

- **Not that good.**
  낫 댓 굳

- **It's not that simple.**
  잇츠 낫 댓 심플

- **We'd better stop it.**
  위드 베러 스탑 잇

- **I don't remember.**
  아이 돈 리멤버

- **That's a misunderstanding.**
  댓처 미스언더스탠딩

- **I didn't mean that.**
  아이 디든 민 댓

001	■	난 찬성이야.
002	■	좋은 생각이야!
003	■	나도 그렇게 생각해.
004	■	동의합니다.
005	■	이제야 말이 통하네.
006	■	네 말이 맞아.
007	■	네가 말한 바로 그거야.
008	■	일리가 있어.
009	■	나도 같은 생각이야.

⊙ **I'm for it.**
아임 풔릿

⊙ **That's good idea!**
댓츠 굳 아이디어

⊙ **I think so, too.**
아이 띵크 쏘, 투우

⊙ **I agree with you.**
아이 어그뤼 위듀

⊙ **Now you're talking.**
나우 유아 토킹

⊙ **I think you're right.**
아이 띵크 유아 롸잇

⊙ **You have a point.**
유 해버 포인트

⊙ **That makes sense.**
댓 메익스 쎈스

⊙ **I feel the same way.**
아이 퓔 더 쎄임 웨이

001 ■ 그건 불가능한 일이야.

002 ■ 그건 터무니없어.

003 ■ 난 반대야.

004 ■ 난 그렇게 생각하지 않아.

005 ■ 난 당신이 틀렸다고 생각해요.

006 ■ 당신 생각에 동의하지 않아요.

007 ■ 나라면 그렇게 말하지 않아요.

008 ■ 네 말은 맞지 않아.

009 ■ 안 될 것 같아.

- **That's impossible.**
  댓츠 임파서블

- **That's nonsense.**
  댓츠 난센스

- **I'm against it.**
  아임 어겐스팃

- **I don't think so.**
  아이 돈 띵크 쏘

- **I think you're wrong.**
  아이 띵크 유아 롱

- **I don't agree with you.**
  아이 돈 어그뤼 위듀

- **I wouldn't say that.**
  아이 우든 쎄이 댓

- **You're not right.**
  유아 낫 롸잇

- **I'm afraid not.**
  아임 어프뤠이드 낫

001 타협해 봅시다.

002 그래.

003 물론입니다.

004 그럴 거라고 생각해요.

005 그러기 바랍니다.

006 나도 그래.

007 응, 그래.

008 응. 물론이지.

009 나도 좋아요.

○ **I'll meet you halfway.**
아일 미츄 해프웨이

○ **Certainly.**
써튼리

○ **Of course.**
어브 콜스

○ **I think so.**
아이 띵크 쏘

○ **I hope so.**
아이 홉 쏘

○ **Me, too.**
미 투우

○ **Yes, I am.**
예스, 아이 엠

○ **Yeah. I bet.**
야. 아이 벳

○ **I'd be happy to.**
아이드 비 해피 투

001 ■ 아직 잘 모르겠어.

002 ■ 말하기 곤란해.

003 ■ 확실히 말할 수 없어.

004 ■ 아직 결정하지 못했어요.

005 ■ 어느 쪽도 아니야.

006 ■ 너 좋을 대로 해.

007 ■ 딱 꼬집어서 말할 수 없어요.

008 ■ 결정하기 힘드네요.

009 ■ 글쎄, 나중에요.

- **I'm not sure yet.**
  아임 낫 슈어 옛

- **It's hard to say.**
  잇츠 하드 투 쎄이

- **I can't say for sure.**
  아이 캔 쎄이 풔 슈어

- **I haven't decided yet.**
  아이 해븐 디싸이디드 옛

- **I'm on nobody's side.**
  아임 온 노바디즈 싸이드

- **Whatever you like.**
  왓에버 유 라익

- **I can't pinpoint it.**
  아이 캔 핀포인팃

- **It's hard to decide.**
  잇츠 하드 투 디싸이드

- **Well, maybe another time.**
  웰, 메이비 어나덜 타임

001 ■ 당신이 맞다고 생각해요.

002 ■ 난 가능하다고 생각해.

003 ■ 이건 예상 못했어.

004 ■ 예측 못해.

005 ■ 그게 사실일지도 모르지.

006 ■ 내 말이 맞잖아!

007 ■ 내 추측이 적중했어.

008 ■ 그래야 할 것 같아요.

009 ■ 그건 결과가 뻔한 일이야.

- **I think you are right.**
  아이 띵크 유 아 롸잇

- **I think it's possible.**
  아이 띵크 잇츠 파서블

- **I didn't expect this.**
  아이 디든 익스펙 디쓰

- **It's a toss up.**
  잇처 토썹

- **That might be true.**
  댓 마잇 비 트루

- **I told you so!**
  아이 토울듀 쏘우

- **I guessed right.**
  아이 게스드 롸잇

- **Maybe I should do it.**
  메이비 아이 슈두 잇

- **It's an open and shut case.**
  잇천 오우펀 앤 셧 케이스

001	▪	협상합시다.
002	▪	이성적으로 생각합시다.
003	▪	우리가 유리해.
004	▪	이런 것은 어때요?
005	▪	타협의 여지가 남아있어요.
006	▪	저를 믿어도 돼요.
007	▪	사실을 얘기하고 있는 거야.
008	▪	그건 별개의 문제야.
009	▪	조금씩 양보합시다.

- **Let's make a deal.**
  렛츠 메이커 디일

- **Let's be rational here.**
  렛츠 비 레이셔널 히얼

- **We have the upper hand.**
  위 햅 디 어펄 핸드

- **How does this sound?**
  하우 더즈 디스 싸운드

- **We can negotiate.**
  위 캔 니고우쉬에이트

- **You can trust me.**
  유 캔 트러스트 미

- **I'm telling the truth.**
  아임 텔링 더 트루쓰

- **That's another story.**
  댓츠 어나더 스토리

- **Let's meet halfway.**
  렛츠 밋 해프웨이

배운 내용을 다시 한 번 영어로 말해보세요.

1. 왜 그렇게 생각해요?
   (   ) do you (   ) so?

2. 알아서 해!
   (   ) yourself.

3. 그런 뜻이 아니에요.
   I (   ) mean (   ).

4. 좋은 생각이야!
   That's (   ) idea!

5. 나도 그렇게 생각해.
   I (   ) so, too.

6. 안 될 것 같아.
   I'm (   ) not.

✏️ 정답

1 Why, think	**2** Suit
3 didn't, that	**4** good
5 think	**6** afraid

다음에 나오는 우리말을 영어로 말해보세요.

1. 그럴 거라고 생각해요.

2. 말하기 곤란해.

3. 너 좋을 대로 해.

4. 이건 예상 못했어.

5. 내 말이 맞잖아!

6. 그건 별개의 문제야.

정답

1 I think so.	**2** It's hard to say.
3 Whatever you like.	**4** I didn't expect this.
5 I told you so!	**6** That's another story.

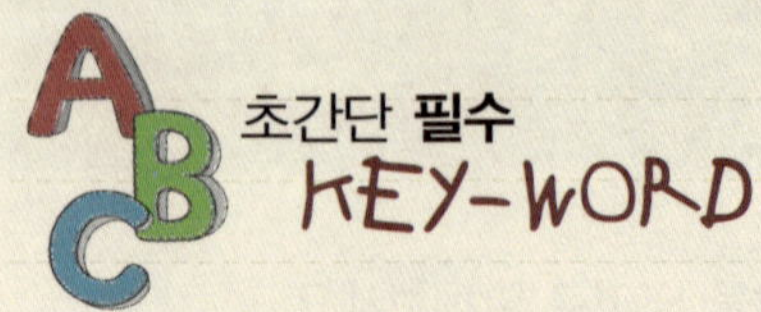

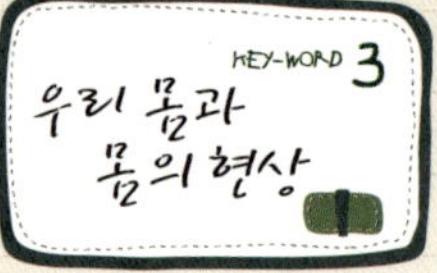

얼굴	face	페이스
이마	forehead	포헤드
눈	eye	아이
속눈썹	eyelashes	아이래쉬즈
귀	ear	이어
뺨	cheek	치-크
턱	chin	친
코	nose	노우즈
입	mouth	마우스
입술	lip	립
이	tooth	투-쓰 (복수형 teeth)
목	neck	넥
어깨	shoulder	쇼울더
가슴	chest	체스트
배	abdomen	앱더먼
허리	waist	웨이스트

팔	arm	암
팔꿈치	elbow	엘보우
손	hand	핸드
손가락	finger	핑거
엉덩이	hip	힙
다리	leg	레그
무릎	knee	니이
종아리	calf	캐프
발	foot	풋
발목	ankle	앵클
발가락	toe	도우
피부	skin	스킨
근육	muscle	머슬
뼈	bone	보운
심장	heart	하아트
위	stomach	스터먹
눈물	tear	티어
눈곱	eye-wax	아이 왝스
콧물	snivel	스니벌
비듬	scurf	스컬-프
땀	sweat	스웨트
침	spit	스피트
트림	belch	벨취
딸꾹질	hiccup	히컵

Part 4
대화하기

May I speak with you?
메아이 스픽 위쥬

Let's go someplace to talk.
렛츠 고우 썸플레이스 투 톡

I have something to tell you.
아이 햅 썸띵 투 텔 유

Are you free to talk?
아 유 프리 투 톡

Can I see you now?
캐나이 씨 유 나우

Sure, go ahead.
슈어, 고우 어헤드

Feel free to talk to me.
필 프리 투 톡 투 미

Can you keep a secret?
캔 유 킵 어 씨크리트

Talk straight, please.
톡 스트레잇 플리즈

001 · 질문 하나 해도 될까요?

002 · 묻고 싶은 게 정말 많아요.

003 · 누구한테 물어봐야 하는 거죠?

004 · 무슨 근거로 그렇게 확신하세요?

005 · 이유가 뭘까요?

006 · 좋은 질문이군요.

007 · 더 이상 물어보지 마세요.

008 · 모르겠어요.

009 · 전혀 모르겠어요.

May I ask you a question?
메아이 애스큐어 퀘스천

I have a lot to ask.
아이 해버 랏 투 애스크

Who is there to ask?
후 이즈 데얼 투 애스크

What makes you so sure?
왓 메이크스 유 쏘 슈어

What are the reasons?
왓 아 더 리즌스

That's a good question.
댓처 굳 퀘스천

No more questions.
노 모어 퀘스천스

I'm not sure.
아임 낫 슈어

I have no idea.
아이 해브 노 아이디어

001 ■ 그럼 좋겠네.

002 ■ 그건 아무도 모르는 일이야.

003 ■ 그냥 그랬지 뭘요.

004 ■ 나도 늙었나 봐요.

005 ■ 두 말 하면 잔소리죠!

006 ■ 부끄럽습니다.

007 ■ 노력해 볼게요.

008 ■ 명심할게요.

009 ■ 재촉하지 마!

I'd love to.
아이드 럽 투

Nobody knows.
노바디 노우즈

It went OK.
잇 웬트 오우케이

I feel so old.
아이 필 쏘 올드

You can say that again!
유 캔 쎄이 댓 어겐

You are making me blush.
유 아 메이킹 미 블러시

I'll make an effort.
아일 메이컨 에펄트

I'll keep that in mind.
아일 킵 댓 인 마인드

Stop rushing me!
스탑 러싱 미

- **What did you say?**
  왓 디쥬 쎄이

- **Really?**
  리얼리

- **I can't hear you.**
  아이 캔 히얼 유

- **Do you understand?**
  두 유 언더스탠드

- **I understand.**
  아이 언더스탠드

- **I don't understand.**
  아이 돈 언더스탠드

- **Please put it more simply.**
  플리즈 풋 잇 모어 심플리

- **Will you explain it again?**
  윌 유 익스플레이닛 어겐

- **Could you speak up?**
  쿠쥬 스픽 업

001 ■ 좋은 소식이 있어요.

002 ■ 누가 그런 얘기를 하던가요?

003 ■ 처음부터 알고 있었어요.

004 ■ 저는 내부 사정을 잘 알고 있어요.

005 ■ 그거 확실해?

006 ■ 그건 세상 사람들이 다 알아.

007 ■ 그건 믿을 수 없는 얘기군.

008 ■ 그럴 리가 없어.

009 ■ 비밀 정보를 통해서 알았어요.

I have good news for you.
아이 햅 굳 뉴스 포 유

Who told you that?
후 톨듀 댓

I have known it all along.
아이 햅 노운 잇 올 어롱

I'm in the know.
아이민 더 노우

Are you sure?
아 유 슈얼

All the world knows that.
올 더 월드 노우스 댓

It's an incredible story.
잇천 인클레디블 스토리

It can't be true.
잇 캔 비 츄루

A little bird told me.
어 리를 버드 토울드 미

001 ■ 바로 그거야!

002 ■ 와, 정말 잘 됐다!

003 ■ 재미있군요!

004 ■ 그거 괜찮은데요.

005 ■ 응, 그렇고말고.

006 ■ 이런, 유감이군요.

007 ■ 설마!

008 ■ 그렇게 말할 수도 있겠지요.

009 ■ 난 괜찮아요.

○ **That's it!**
댓츠 잇

○ **How nice!**
하우 나이쓰

○ **That's interesting!**
댓츠 인터레스팅

○ **That's not bad.**
댓츠 낫 배드

○ **Yes, indeed.**
예쓰, 인디드

○ **That's too bad.**
댓츠 투우 배드

○ **No way!**
노 웨이

○ **You could say that.**
유 쿠드 쎄이 댓

○ **I don't mind.**
아이 돈 마인드

001 ■ 그러게 말이야!

002 ■ 알겠어.

003 ■ 아 맞다, 그러니까 생각나네.

004 ■ 진짜요?

005 ■ 그래요?

006 ■ 아마 네 말이 맞을 거야.

007 ■ 의심할 여지가 없어.

008 ■ 말도 안 돼.

009 ■ 그건 좀 너무했네.

○ **Tell me about it!**
텔 미 어바우릿

○ **I see.**
아이 씨

○ **Oh, that reminds me.**
오, 댓 리마인즈 미

○ **You serious?**
유 시리어스

○ **Is that so?**
이즈 댓 쏘

○ **Perhaps you're right.**
퍼햅스 유아 롸잇

○ **No doubt about it.**
노 다웃 어바웃 잇

○ **That's absurd.**
댓츠 업서드

○ **That's over the limit.**
댓츠 오버 더 리밋

001 ■ 날 놀리는 거죠?

002 ■ 너 농담하는 거지?

003 ■ 농담이야.

004 ■ 장난이야.

005 ■ 농담 그만 해.

006 ■ 농담하지 마라!

007 ■ 그만 좀 웃겨.

008 ■ 뭐가 그렇게 웃기냐?

009 ■ 나 농담하는 거 아니야.

Are you pulling my leg?
아 유 풀링 마이 레그

You are joking, right?
유 아 조킹, 롸잇

I was just joking.
아이 워즈 저슷 조킹

It was just a prank.
잇 워즈 저스터 프랭크

Stop joking around.
스탑 조킹 어라운드

No kidding!
노우 키딩

Stop making me laugh.
스탑 메이킹 미 래프

What's so funny?
왓츠 쏘 퍼니

I'm not kidding.
아임 낫 키딩

001 ■ 조심해!

002 ■ 그 친구 조심해!

003 ■ 여기에는 함정이 있어.

004 ■ 말도 안 되는 소리하지 마!

005 ■ 버릇없게 굴지 마!

006 ■ 장소를 가릴 줄은 알아라.

007 ■ 나이를 생각해.

008 ■ 말조심해.

009 ■ 규칙을 지켜라.

- **Watch out!**
  왓치 아웃

- **Watch out for him!**
  왓치 아웃 풔 힘

- **There's a little catch.**
  데얼저 리를 캐치

- **Don't give me that!**
  돈 깁 미 댓

- **Don't be so naughty!**
  돈 비 쏘 너티

- **Think about where you are.**
  띵크 어바웃 웨얼 유 아

- **Act your age.**
  액트 유어 에이쥐

- **Watch your tongue.**
  왓치 유어 텅

- **Follow the rules.**
  팔로우 더 루울스

배운 내용을 다시 한 번 영어로 말해보세요.

1. 편하게 얘기 좀 할 수 있어?
   Are you (   ) to (   )?

2. 묻고 싶은 게 정말 많아요.
   I have a (   ) to (   ).

3. 전혀 모르겠어요.
   I have (   ).

4. 두 말 하면 잔소리죠!
   You can (   ) that (   )!

5. 뭐라고 했어요?
   (   ) did you say?

6. 좀 더 큰소리로 말씀해 주실래요?
   Could you (   )?

정답

1 free, talk	**2** lot, ask
3 no idea	**4** say, again
5 What	**6** speak up

다음에 나오는 우리말을 영어로 말해보세요.

1. 그거 확실해?

2. 와, 정말 잘 됐다!

3. 이런, 유감이군요.

4. 그래요?

5. 농담이야.

6. 버릇없게 굴지 마!

정답

1 Are you sure? **2** How nice!

3 That's too bad. **4** Is that so?

5 I was just joking. **6** Don't be so naughty!

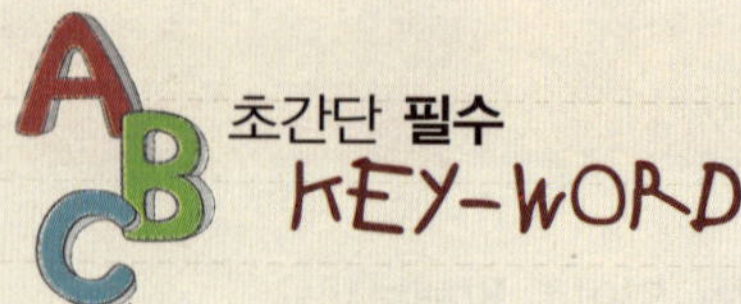

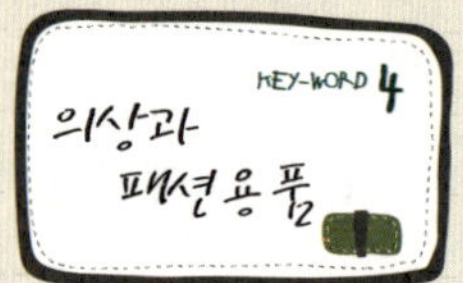

옷, 의복	Clothes	클로우즈
(옷) 한 벌, 슈트	suit	수트
신사복	business suit	비즈니스 수트
상의, 재킷	jacket	재킷
(남자용) 바지	trousers	트라우저즈
(와이)셔츠	shirt	셔트
넥타이	necktie	넥타이
커프스	cuff	커프
커프스단추	cuff link	커프스 링크
호주머니	pocket	파킷
주름	pleat	플리트
원피스	one-piece dress	원 피스 드레스
외투	overcoat	오우버코우트
(원피스의) 여성복	dress	드레스
블라우스	blouse	블라우스
스카프	scarf	스카프

치마	skirt	스커트
바지	pants	팬츠
느슨한 바지	slacks	슬랙스
조끼	vest	베스트
진(바지)	jeans	진즈
청바지	blue jeans	블루 진즈
스웨터	sweater	스웨터
티셔츠	T-shirts	티셔츠
속옷	underwear	언더웨어
액세서리	accessories	액쎄서리즈
목걸이	necklace	네크리스
귀고리	earring	이어링
반지	ring	링
팔찌	bracelet	브레이슬릿
보석	jewelry	쥬얼리
모조품	imitation	이미테이션
브로치	brooch	브로우치
넥타이핀	tie-pin	타이핀
벨트	belt	벨트
모자	hat	햇
운동화	sneakers	스니커즈
가죽 구두	leather shoes	레더 슈즈
앵클부츠	ankle boots	앵클 부츠
배낭	knapsack	냅색

Part 5
인사와 소개

001 ■ 안녕하세요.

002 ■ 안녕하세요!

003 ■ 잘 지내?

004 ■ 안녕하세요?

005 ■ 요즘 어때?

006 ■ 아니, 이게 누구야!

007 ■ 여기는 무슨 일로 왔어요?

008 ■ 어디 가세요?

009 ■ 우리 전에 만난 적 있지 않나요?

➡ **Hello.**
헬로우

➡ **Hi, there!**
하이, 데얼

➡ **What's up?**
왓츠 업

➡ **How are you?**
하우 아 유

➡ **How's it going?**
하우짓 고잉

➡ **Look who's here!**
룩 후즈 히얼

➡ **What brings you here?**
왓 브링 쥬 히얼

➡ **Where are you going?**
웨어라 유 고잉

➡ **Haven't we met before?**
해븐 위 멧 비풔

○ **Long time no see!**
롱 타임 노우 씨

○ **What's new?**
왓츠 뉴

○ **How are you doing?**
하우 아 유 두잉

○ **What's wrong?**
왓츠 롱

○ **Have you been keeping busy?**
해뷰 비인 키핑 비지

○ **How have you been?**
하우 해뷰 비인

○ **I hardly know you.**
아이 하들리 노우 유

○ **You haven't changed at all.**
유 해븐 체인지드 앳 올

○ **How's your family?**
하우즈 유어 패밀리

001 ■ 잘 지내요.

002 ■ 모든 게 좋아.

003 ■ 아주 좋아요.

004 ■ 별일 없어.

005 ■ 모두 잘 있어요.

006 ■ 좋아요, 고마워요.

007 ■ 늘 마찬가지죠, 뭐.

008 ■ 그저 그래.

009 ■ 별로 좋지 않아요.

● **I'm fine.**
아임 퐈인

● **Everything is OK.**
에브리띵 이즈 오케이

● **Pretty good.**
프리티 굳

● **Nothing special.**
낫띵 스페셜

● **They are all very well.**
데이 아 올 붸리 웰

● **Fine, thank you.**
퐈인, 땡큐

● **Same as always.**
쎄임 애즈 올웨이즈

● **Not too bad.**
낫 투우 베드

● **Not very well.**
낫 베리 웰

001 ■ 그럼, 이만.

002 ■ 그럼, 안녕히.

003 ■ 그럼, 또 보자.

004 ■ 안녕! 내일 봐요.

005 ■ 몸조심해.

006 ■ 재미있게 지내!

007 ■ 다음에 보자.

008 ■ 다음에 또 만나요.

009 ■ 서로 계속 연락합시다.

○ **Bye for now.**
바이 풔 나우

○ **Have a good one.**
해버 굳 원

○ **Take it easy.**
테이킷 이지

○ **Goodbye! See you tomorrow.**
굳바이! 씨 유 터머로우

○ **Take care of yourself.**
테익 케어러브 유어쎌

○ **Have fun!**
햅 펀

○ **See you later.**
씨 유 레이럴

○ **Let's get together sometime.**
렛츠 겟 투게덜 썸타임

○ **Let's keep in touch.**
렛츠 키핀 터취

● **Congratulations!**
컨그레추레이션스

● **Happy birthday to you!**
해피 벌스데이 투 유

● **Happy anniversary!**
해피 에너벌서리

● **Let's celebrate our victory!**
렛츠 셀러브레잇 아워 빅터리

● **Congratulations to all of you!**
컨그레추레이션스 투 올 오뷰

● **Congratulations on your promotion!**
컨그레추레이션스 온 유어 프러모우션

● **Congratulations on your success!**
컨그레추레이션스 온 유어 썩세스

● **Congratulations on your wedding!**
컨그레추레이션스 온 유어 웨딩

● **Congratulations on your graduation!**
컨그레추레이션스 온 유어 그레쥬에이션

- **Happy holidays!**
  해피 할러데이스

- **merry Christmas!**
  메리 크리스마스

- **I wish you a merry Christmas.**
  아이 위쉬 유 어 메리 크리스마스

- **Happy Thanksgiving Day!**
  해피 땡스기빙 데이

- **Happy Easter!**
  해피 이스터

- **Happy New Year!**
  해피 뉴 이어

- **Here's to the New Year!**
  히얼즈 투 더 뉴 이어

- **All the best for the New Year!**
  올 더 베슷 풔 더 뉴 이어

- **Let's toast to your happiness!**
  렛츠 토스 투 유어 해피니스

001 ▪ 제 친구 메리를 소개할게요.

002 ▪ 이쪽은 제 아내입니다.

003 ▪ 두 사람 인사 나눈 적 있어요?

004 ▪ 존을 소개할게요.

005 ▪ 밀러 씨, 이쪽은 존입니다.

006 ▪ 제 소개를 할게요.

007 ▪ 안녕하세요. 김수진입니다.

008 ▪ 부모님과 함께 살아요.

009 ▪ 영어를 조금 해요.

○ **This is my friend Mary.**
디스 이즈 마이 프렌드 메리

○ **This is my wife.**
디스 이즈 마이 와이프

○ **Have you two met?**
해뷰 투우 멧

○ **I'd like to introduce you to John.**
아이드 라익 투 인트러듀스 유 투 존

○ **Mr Miller, this is John.**
미스터 밀러, 디스 이즈 존

○ **Let me introduce myself.**
렛 미 인트러듀스 마이셀프

○ **Hello. I'm Sujin Kim.**
헬로우. 아임 수진 킴

○ **I live with my parents.**
아이 리브 윗 마이 페어런츠

○ **I speak English a little.**
아이 스픽 잉글리쉬 어 리들

001 처음 뵙겠습니다.

002 만나서 반가워요.

003 만나 뵙게 되어 영광이에요.

004 나 역시 만나서 반가워.

005 말씀 많이 들었습니다.

006 당신을 알게 되어 기뻐요.

007 제가 오히려 반가워요.

008 이건 제 명함이에요.

009 만나보고 싶었어요.

○ **How do you do?**
하우 두 유 두

○ **Nice to meet you.**
나이스 투 미츄

○ **I'm honored to meet you.**
아임 어너 투 미츄

○ **Glad to meet you, too.**
글랫 투 미츄, 투우

○ **I've heard a lot about you.**
아이브 헐더 랏 어바우츄

○ **I'm glad to know you.**
아임 글래투 노우 유

○ **The pleasure is mine.**
더 플레절 이즈 마인

○ **This is my business card.**
디스 이즈 마이 비즈니스 카아드

○ **I wanted to meet you.**
아이 원티투 미츄

배운 내용을 다시 한 번 영어로 말해보세요.

1. 만나서 반가워요.
  (   ) to (   ) you.

2. 아니, 이게 누구야!
  (   ) who's here!

3. 오랜만이네!
  Long (   ) no see!

4. 별일 없어.
  (   ) special.

5. 그럼, 또 보자.
  Take it (   ).

6. 몸조심해.
  Take (   ) of (   ).

정답

1 Nice, meet	**2** Look
3 time	**4** Nothing
5 easy	**6** care, yourself

다음에 나오는 우리말을 영어로 말해보세요.

1. 잘 지내?

....

2. 아주 좋아요.

....

3. 축하힙니다!

....

4. 즐거운 명절 되세요!

....

5. 제 친구 메리를 소개할게요.

....

6. 당신을 알게 되어 기뻐요.

....

정답

1 What's up?	**2** Pretty good.
3 Congratulations!	**4** Happy holidays!
5 This is my friend Mary.	**6** I'm glad to know you.

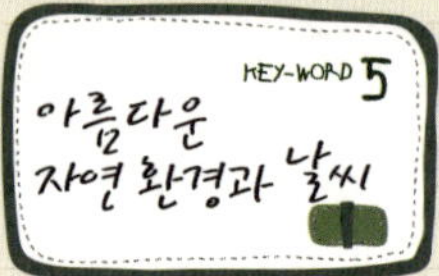

자연	Nature	네이처
하늘	sky	스카이
공기	air	에어
태양	sun	썬
구름	cloud	클라우드
별	star	스타
달	moon	문-
육지	land	랜드
산	mountain	마운튼
바다	sea	씨-
강	river	리버
숲	forest	포-리스트
곶, 갑	cape	케이프
해안	coast	코우스트
언덕	hill	힐
호수	lake	레이크

일출	sunrise	선라이즈
일몰	sunset	선셋
수평선(지평선)	horizon	허라이즌
파도	wave	웨이브
비탈	slope	슬로우프
목장	pasture	패스처
날씨	weather	웨더
일기도	weather map	웨더맵
기상 관측용 기구	weather balloon	웨더벌룬-
바람개비	weather vane	웨더베인
온도계	thermometer	써머머터
비	rain	레인
구름	cloud	클라우드
새털구름	cirrus cloud	써러스 클라우드
뭉게구름	cumulus	큐-뮬러스
눈	snow	스노우
번개	lightning	라이트닝
진눈깨비	sleet	슬리트
비구름	rain cloud	레인클라우드
장마철	rainy season	레이니 시즌
홍수	flood	플러드
무지개	rainbow	레인보우
산들바람, 미풍	breeze	브리-즈
회오리바람	tornado	토네이도우

Part 6

인간관계

001 ■ 당신이 최고예요!

002 ■ 정말 훌륭하군요!

003 ■ 당신 아주 인상적이네요.

004 ■ 당신 정말 신사군요.

005 ■ 정말 보기 좋아요.

006 ■ 정말 아름다워요.

007 ■ 참 잘했어.

008 ■ 너와 잘 어울려.

009 ■ 넌 눈이 참 예뻐.

- **You're the best!**
유아 더 베슷

- **How marvelous!**
하우 마벌러스

- **You're very impressive.**
유아 베리 임프레시브

- **You're a real gentleman.**
유아러 리얼 젠틀먼

- **It looks great!**
잇 룩스 그뤠잇

- **It's a real beauty!**
잇처 륄 뷰티

- **You did a fine job.**
유 디더 파인 잡

- **It looks great on you.**
잇 룩스 그레잇 온 유

- **You have beautiful eyes.**
유 햅 뷰뤼풀 아이스

001	■	고맙습니다.
002	■	정말 고마워!
003	■	대단히 감사합니다.
004	■	수고하셨습니다!
005	■	여러 가지로 감사합니다.
006	■	도와줘서 고마워요.
007	■	덕분에 도움이 됐어요.
008	■	친절히 대해 주셔서 감사해요.
009	■	뭐라고 고마워해야 할지 모르겠어요.

- **Thank you.**
  땡큐

- **Thanks a lot!**
  땡스 어 랏

- **Thank you very much.**
  땡큐 베리 머취

- **Thank you for your trouble!**
  땡큐 풔 유어 트러블

- **Thank you for everything.**
  땡큐 풔 에브리띵

- **Thank you for helping me.**
  땡큐 풔 헬핑 미

- **You're a big help.**
  유아러 빅 헬프

- **Thank you for your kindness.**
  땡큐 풔 유어 카인드니스

- **I can't thank you enough.**
  아이 캔 땡큐 이너프

001 ■ 미안합니다.

002 ■ 실례합니다.

003 ■ 정말 죄송합니다.

004 ■ 제가 실수를 했어요.

005 ■ 용서해 주세요.

006 ■ 죄송합니다.

007 ■ 고의로 그런 것은 아니에요.

008 ■ 번거롭게 해서 죄송해요.

009 ■ 여러 가지로 죄송해요.

- **I'm sorry.**
  아임 쏘리

- **Excuse me.**
  익스큐즈 미

- **I'm very sorry.**
  아임 베리 쏘리

- **I made a mistake.**
  아이 메이더 미스테익

- **Please forgive me.**
  플리즈 퍼기브 미

- **I beg your pardon.**
  아이 베그 유어 파든

- **I didn't do it on purpose.**
  아이 디든 두 이런 펄퍼스

- **I'm sorry to bother you.**
  아임 쏘리 투 바더 유

- **I'm sorry for everything.**
  아임 쏘리 풔 에브리띵

001 ▪ 별말씀을요.

002 ▪ 괜찮습니다.

003 ▪ 괜찮아요, 됐어요.

004 ▪ 걱정하지 마, 괜찮아!

005 ▪ 잊어버려.

006 ▪ 신경 쓰지 마세요.

007 ▪ 오히려 제 기쁨이에요.

008 ▪ 별일 아닌 걸 뭐.

009 ▪ 당신을 용서하겠어요.

- **Not at all.**
  낫 엣 올

- **That's all right.**
  댓츠 올 라잇

- **No problem.**
  노우 프라블럼

- **Never mind!**
  네벌 마인드

- **Forget it.**
  퍼겟 잇

- **Don't worry about it.**
  돈 워리 어바우릿

- **It's my pleasure.**
  잇츠 마이 플레셔

- **No big deal.**
  노우 빅 디일

- **You're forgiven.**
  유아 퍼기븐

➲ **To your future!**
투 유어 퓨처

➲ **Good luck!**
굳 럭

➲ **God bless you!**
갓 블레스 유

➲ **Many happy returns!**
매니 해피 뤼턴스

➲ **May you succeed!**
메이 유 썩시드

➲ **To our health!**
투 아워 헬스

➲ **I wish you happiness.**
아이 윗슈 해피니스

➲ **Have a nice day!**
해버 나이스 데이

➲ **Have a nice trip!**
해버 나이스 트립

52 / 약속 시간

001	▪	지금 시간 있으세요?
002	▪	언제가 좋으세요?
003	▪	몇 시로 했으면 좋겠어요?
004	▪	언제 시간 있으세요?
005	▪	왜 그렇게 늦었어요?
006	▪	몇 시에 도착했어요?
007	▪	너 또 늦었구나!
008	▪	한 시간 늦게 만나자.
009	▪	한 시간 빨리 만나자.

Are you free now?
아 유 프뤼 나우

When are you available?
웬 아 유 어베일러블

What time is good for you?
왓 타임 이즈 굳 풔 유

When do you have time?
웬 두 유 햅 타임

Why are you so late?
와이 아 유 쏘 레잇

What time did you arrive?
왓 타임 디쥬 어롸이브

You're late again!
유아 레잇 어겐

Let's move back an hour.
렛츠 무브 배컨 아우어

Let's move the time up.
렛츠 무브 더 타임 업

001	■	어디서 볼까요?
002	■	어디서 만나야 하죠?
003	■	당신이 장소를 정하세요.
004	■	이쪽으로 올래요?
005	■	당신 사무실 근처에서 만나요.
006	■	갈 만한 데 있어?
007	■	어디든 좋아.
008	■	내가 그쪽으로 갈게.
009	■	중간쯤에서 만나.

○ **Where should we meet?**
웨어 슈드 위 밋

○ **Where should we make it?**
웨어 슈드 위 메이킷

○ **You pick the place.**
유 픽 더 플레이스

○ **Can you come my way?**
캔 유 컴 마이 웨이

○ **Let's meet near your office.**
렛츠 밋 니어 유어 어퓌스

○ **Have an idea of a place?**
해번 아이디어 어버 플레이스

○ **Any place will do.**
에니 플레이스 윌 두

○ **I'll go over there.**
아일 고우 오버 데얼

○ **I'll meet you halfway.**
아일 미츄 해프웨이

001 ■ 우리 집에 오실래요?

002 ■ 저녁 식사하러 올 수 있어요?

003 ■ 저녁을 대접하게 해주세요.

004 ■ 가고 싶어요.

005 ■ 좋아요. 갈게요.

006 ■ 그래 곧 갈게.

007 ■ 제가 뭘 좀 가져갈까요?

008 ■ 유감스럽지만 안 될 것 같군요.

009 ■ 다른 약속이 있어요.

Can you come to my house?
캔 유 컴 투 마이 하우스

Can you stay for dinner?
캔 유 스테이 풔 디너

Let me treat you to dinner.
렛 미 트뤼츄 투 디너

I'd be glad to come.
아이드 비 글랫 투 컴

OK. I'm coming.
오케이. 아임 커밍

OK. I'm on my way.
오케이. 아임 온 마이 웨이

Shall I bring something?
쉘 아이 브링 썸띵

I'm afraid not.
아임 어프뤠이드 낫

I have another appointment.
아이 해버나덜 어포인먼트

55 손님맞이 1

001 ▪ 어서 들어오세요.

002 ▪ 오신 것을 환영합니다.

003 ▪ 아주 멋진 집이군요.

004 ▪ 초대해 주서서 감사합니다.

005 ▪ 편히 하세요.

006 ▪ 코트 이리 주세요.

007 ▪ 저녁이 준비됐어요.

008 ▪ 이 음식 좀 드셔 보세요.

009 ▪ 마음껏 드세요.

Please come on in.
플리즈 컴 온 인

You're welcome to join us.
유아 웰컴 투 조인 어스

You have a very nice home.
유 해버 붸리 나이스 홈

Thank you for inviting me.
땡큐 풔 인바이팅 미

Make yourself at home.
메이 큐어셀프 앳 홈

Let me take your coat.
렛 미 테이큐어 코우트

Dinner's ready.
디너즈 레디

Try some of this.
트라이 썸 오브 디스

Please help yourself.
플리즈 헬퓨어셀프

001 ■ 조그만 선물입니다.

002 ■ 마음에 들었으면 좋겠습니다.

003 ■ 여기 앉으세요.

004 ■ 과자 좀 드세요.

005 ■ 천천히 드세요.

006 ■ 더 드세요.

007 ■ 많이 먹었어요.

008 ■ 정말 맛있는 식사했어.

009 ■ 변변치 못해요.

- **Here's something for you.**
  히어즈 썸띵 풔 유

- **I hope you like it.**
  아이 호퓨 라이킷

- **Please take a seat, here.**
  플리즈 테이커 씨잇 히얼

- **Have some snacks.**
  햅 썸 스냅스

- **Take your time eating.**
  테이큐어 타임 이팅

- **Please have seconds.**
  플리즈 해브 세컨즈

- **I've had enough.**
  아이브 해드 이너프

- **This was a delicious meal.**
  디스 워저 딜리셔스 밀

- **It is small.**
  잇 이즈 스몰

001	이만 돌아가 봐야겠어요.
002	작별인사를 해야겠어요.
003	오늘밤 정말 재밌었어.
004	저녁이 정말 맛있었어.
005	훌륭한 저녁식사 감사합니다.
006	와 주셔서 감사합니다.
007	와주셔서 정말 기뻐요.
008	차로 집까지 데려다 줄게.
009	운전 조심해.

● **I've come to say goodbye.**
아이브 컴 투 쎄이 굳바이

● **I'll say goodbye here, then.**
아일 쎄이 굳바이 히어 덴

● **I had lots of fun tonight.**
아이 해드 랏츕 펀 투나잇

● **Dinner was very delicious.**
디너 워즈 베리 딜리셔스

● **Thank you for a lovely dinner.**
땡큐 풔러 러블리 디너

● **Thank you for having me.**
땡큐 풔 해빙 미

● **I'm so glad you could come.**
아임 쏘 글랫 유 쿠드 컴

● **I'll drive you home.**
아일 드라이브 유 호움

● **Drive carefully.**
드라이브 케어플리

001 ■ 부탁 좀 할게요.

002 ■ 부탁 좀 해도 될까요?

003 ■ 꼭 들어주셨으면 해요.

004 ■ 좀 서둘러 주시겠어요?

005 ■ 전화 좀 사용해도 될까요?

006 ■ 들어가도 될까요?

007 ■ 좀 도와주세요.

008 ■ 당신의 도움이 필요해요.

009 ■ 도와주실 수 있나요?

- **I need a favor.**
아이 니더 페이버

- **Would you do me a favor?**
우쥬 두 미 어 페이버

- **Please say yes.**
플리즈 쎄이 예스

- **Could you hurry up?**
쿠쥬 허뤼 업

- **May I use your telephone?**
메아이 유즈 유어 텔러폰

- **May I come in?**
메아이 커민

- **Please help me.**
플리즈 헬프 미

- **I need your help.**
아이 니쥬어 헬프

- **Would you give me a hand?**
우쥬 김 미 어 핸드

001 ■ 물론이에요.

002 ■ 좋아요.

003 ■ 기꺼이 그럴게요.

004 ■ 말씀해 보세요.

005 ■ 도와드릴게요.

006 ■ 언제라도 도와드릴게요.

007 ■ 미안해요, 들어줄 수 없어요.

008 ■ 지금은 좀 힘들겠어요.

009 ■ 무리한 부탁을 하시는군요.

- **Sure.**
  슈얼

- **All right.**
  올 라잇

- **I'd be glad to.**
  아이드 비 글랫 투

- **Go ahead.**
  고우 어헤드

- **I'll help you.**
  아윌 헬퓨

- **I'm ready to help.**
  아임 레디 투 헬프

- **I'm sorry, I can't**
  아임 쏘리, 아이 캔트

- **Not this time.**
  낫 디스 타임

- **You're asking too much.**
  유어 애스킹 투우 머취

배운 내용을 다시 한 번 영어로 말해보세요.

1. 지금 시간 있으세요?
   Are you (   ) now?

2. 당신이 장소를 정하세요.
   You (   ) the (   ).

3. 편히 하세요.
   (   ) yourself at home.

4. 당신이 최고예요!
   You're the (   )!

5. 마음에 들었으면 좋겠습니다.
   I (   ) you like it.

6. 죄송합니다.
   I (   ) your (   ).

정답

1 free	**2** pick, place
3 Make	**4** best
5 hope	**6** beg, pardon

다음에 나오는 우리말을 영어로 말해보세요.

1. 괜찮아요, 됐어요.

....

2. 성공을 빌어요!

....

3. 정말 고마워!

....

4. 운전 조심해.

....

5. 꼭 들어주셨으면 해요.

....

6. 기꺼이 그럴게요.

....

✎ 정답

1 No problem.	**2** May you succeed!
3 Thanks a lot!	**4** Drive carefully.
5 Please say yes.	**6** I'd be glad to.

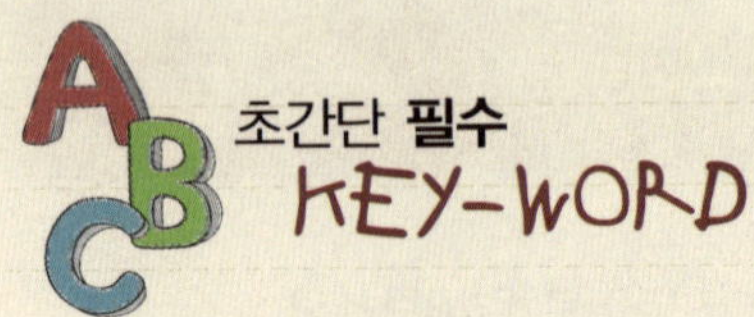

KEY-WORD

즐겨먹는
과일과 채소

KEY-WORD 6

오렌지	orange	오린지
레몬	lemon	레먼
파인애플	pineapple	파인애플
멜론	melon	멜런
키위	kiwi	키-위-
바나나	banana	버내너
사과	apple	애플
수박	watermelon	워-터멜런
딸기	strawberry	스트로-버리
복숭아	peach	피-치
감	persimmon	퍼-시먼
밤	chestnut	체스넛
포도	grape	그레이프
블루베리	blueberry	블루-버리
체리	cherry	체리
망고	mango	맹고우

석류	pomegranate	파머그래넛
야채	Vegetables	베지터블즈
오이	cucumber	큐-컴버
양파	onion	어니언
완두콩	peas	피-즈
강낭콩	green bean	그린 빈
옥수수	corn	콘-
당근	carrot	캐럿
무	radish	래디쉬
감자	potato	퍼테이토우
고구마	Sweet potato	스위-트 퍼테이토우
양배추	cabbage	캐비지
상추, 양상추	lettuce	레터스
시금치	Spinach	스피니취
가지	eggplant	에그 플랜트
파	Welsh onion	웰시어니언
버섯	mushroom	머시룸-
고추	red pepper	레드 페퍼
피망	green pepper	그린 페퍼
호박	pumpkin	펌(프)킨
토마토	tomato	터메이토우
우엉	burdock	버-닥
셀러리	celery	셀러리
브로콜리	broccoli	브라컬리

Part 7
개인생활

What's your major?
왓츄어 메이져

Did you sign up?
디쥬 싸인 업

The class is full.
더 클래스 이즈 풀

His lecture is boring.
히즈 렉춰 이즈 보링

I think he teaches well.
아이 띵크 히 티춰즈 웰

Is there a dorm on campus?
이즈 데어러 도옴 온 캠퍼스

How much is it per term?
하우 머취 이짓 퍼 터엄

My school is coed.
마이 스쿨 이즈 코에드

We went to school together.
위 웬 투 스쿨 투게더

001 ■ 나 오늘 수업 빼먹었어.

002 ■ 난 6과목을 듣고 있어.

003 ■ 그녀는 공부벌레야.

004 ■ 중간고사는 어땠어?

005 ■ 시험 잘 봤어.

006 ■ 이번 시험 망쳤어.

007 ■ 성적이 어때?

008 ■ 좋은 성적을 받았어.

009 ■ 나 공부 좀 해야겠어.

- **I cut a class today.**
  아이 컷 어 클래스 터데이

- **I'm taking six classes.**
  아임 테이킹 씩스 클래시스

- **She is a bookworm.**
  쉬 이저 북웜

- **How did your midterms go?**
  하우 디쥬어 미드텀즈 고우

- **I did well on my test.**
  아이 딧 웰 온 마이 테스트

- **I blew the test.**
  아이 블루우 더 테스트

- **How were your grades?**
  하우 워 유어 그레이즈

- **I got a good grade.**
  아이 갓 어 굳 그레이드

- **I better hit the books.**
  아이 베러 힛 더 북스

001 ■ 나는 회사원입니다.

002 ■ 이건 내 직통 번호에요.

003 ■ 내 일은 보수가 좋아요.

004 ■ 그는 그 일에 적격이에요.

005 ■ 그는 말주변이 좋아요.

006 ■ 자, 회의를 시작합시다.

007 ■ 지금 바쁘세요?

008 ■ 나 오늘밤 야근이야.

009 ■ 종종 초과 근무를 해.

○ **I'm an office worker.**
아임 언 어퓌스 워커

○ **This is my direct number.**
디스 이즈 마이 디렉트 넘버

○ **My job pays well.**
마이 잡 페이스 웰

○ **He's cut out for the job.**
히즈 컷 아웃 풔 더 잡

○ **He's good with words.**
히즈 굳 윗 워즈

○ **Let's start the meeting.**
렛츠 스탓 더 미딩

○ **Are you busy now?**
아 유 비지 나우

○ **I'm on duty tonight.**
아임 온 듀티 투나잇

○ **I often put in overtime.**
아이 어픈 풋 인 오버타임

○ **How are things going?**
하우 아 띵스 고잉

○ **I'm just getting started.**
아임 저슷 게링 스타티드

○ **Do you like your job?**
두 유 라익 유어 잡

○ **The schedule is very tight.**
더 스케쥴 이즈 베리 타잇

○ **You have work to do.**
유 햅 워크 투 두

○ **Keep up the good work.**
킵 업 더 굳 워어크

○ **It was our mistake.**
잇 워즈 아워 미스테익

○ **We'll do that immediately.**
윌 두 댓 이미디엇틀리

○ **I'll take care of it.**
아일 테익 케어러브 잇

001 ▪ 저 남자 내가 찍었어.

002 ▪ 넌 내 타입이야.

003 ▪ 나 오늘 시간 널널해.

004 ▪ 그녀는 너무 밝혀.

005 ▪ 분위기 좀 깨지 마!

006 ▪ 안달하게 만들지 마!

007 ▪ 나 바람 맞았어.

008 ▪ 그냥 친구로 지내요.

009 ▪ 사랑이 식었군요.

○ **I'm gonna get him.**
아임 고너 겟 힘

○ **You're my type.**
유어 마이 타입

○ **I'm free today.**
아임 프리 터데이

○ **She is really lewd.**
쉬 이즈 리얼리 루우드

○ **Don't ruin the fun!**
돈 루인 더 펀

○ **Don't play hard to get!**
돈 플레이 하드 투 겟

○ **I was stood up.**
아이 워즈 스투드 업

○ **Let's just be friends.**
렛츠 저슷 비 프렌즈

○ **The love has died.**
더 러브 해즈 다이드

001 ■ 첫눈에 반했어요.

002 ■ 당신에게 푹 빠졌어요.

003 ■ 우리 사귀자.

004 ■ 난 네 거야.

005 ■ 당신 없이는 살 수 없어요.

006 ■ 내 곁에 있어 줘.

007 ■ 영원히 사랑할 거예요.

008 ■ 나랑 결혼해 줄래?

009 ■ 나의 아내가 돼 줄래요?

- **It was love at first sight.**
  잇 워즈 러브 앳 퍼슷 사잇

- **I'm crazy for you.**
  아임 크레이지 풔 유

- **Let's go steady.**
  렛츠 고우 스테디

- **I'm all yours.**
  아임 올 유어즈

- **I can't live without you.**
  아이 캔 리브 위다웃 유

- **Keep me company.**
  킵 미 컴퍼니

- **I'll love you forever.**
  아일 러브 유 포에버

- **Will you marry me?**
  윌 유 메리 미

- **Will you be my wife?**
  위 유 비 마이 와이프

001 ■ 오늘의 요리가 뭔가요?

002 ■ 특산 요리가 있나요?

003 ■ 같은 걸로 주세요.

004 ■ 그걸로 할게요.

005 ■ 완전히 익혀주세요.

006 ■ 중간 정도 익혀주세요.

007 ■ 이 요리는 어떻게 조리하죠?

008 ■ 디저트는 생략할게요.

009 ■ 주문한 게 아직 안 나왔어요.

● **What's the special today?**
왓츠 더 스페셜 터데이

● **Do you have local dishes?**
두 유 해브 로우컬 디쉬스

● **Same here, please.**
쎄임 히얼 플리즈

● **I'll take it.**
아일 테이크 잇

● **Well done, please.**
웰 더언 플리즈

● **Medium, please.**
미디엄 플리즈

● **How is this cooked?**
하우 이즈 디스 쿡트

● **I'll skip the dessert.**
아일 스킵 더 디저트

● **I didn't get my order yet.**
아이 디든 겟 마이 오더 옛

001 ■ 주문한 음식이 아니에요.

002 ■ 물을 좀 더 주실래요?

003 ■ 포크를 떨어뜨렸어요.

004 ■ 빵을 좀 더 주세요.

005 ■ 남은 음식은 싸주실래요?

006 ■ 계산해 주세요.

007 ■ 얼마인가요?

008 ■ 나눠서 냅시다.

009 ■ 내가 낼게.

○ **I didn't order this.**
아이 디든 오더 디스

○ **May I have more water?**
메아이 햅 모어 워러

○ **I dropped my fork.**
아이 드랍트 마이 포오크

○ **Some more bread, please.**
썸 모어 브레드 플리즈

○ **Do you have a doggy bag?**
두 유 해버 더기 백

○ **Please give me the bill.**
플리즈 김 미 더 빌

○ **How much is it?**
하우 머치 이짓

○ **Let's split the bill.**
렛츠 스프릿 더 빌

○ **I'll treat you.**
아일 트릿츄

001 ■ 냄새가 좋은데요.

002 ■ 군침이 도는군요.

003 ■ 너무 맛있어요.

004 ■ 난 식성이 까다롭지 않아.

005 ■ 난 음식을 가려먹어.

006 ■ 난 채식주의자야.

007 ■ 난 매운 음식 좋아해.

008 ■ 여기 단골이에요.

009 ■ 여기 요리는 아주 맛있어요.

○ **It smells good.**
잇 스멜스 굳

○ **My mouth is watering.**
마이 마우스 이즈 워터링

○ **It's out of this world.**
잇츠 아웃 오브 디스 월드

○ **I'm not a picky eater.**
아임 낫 어 피키 이터

○ **I'm fussy about food.**
아임 퍼씨 어밧 풋

○ **I'm a vegetarian.**
아임 어 베저테리언

○ **I like hot food.**
아이 라익 핫 풋

○ **I'm a regular here.**
아임 어 레귤러 히얼

○ **This is very good food .**
디스 이즈 베리 굳 푸드

001 ■ 여기서 주문하면 되나요?

002 ■ 치즈버거 주세요.

003 ■ 3번 세트 메뉴로 주세요.

004 ■ 양파는 빼고 주세요.

005 ■ 여기서 드실 건가요, 가져가실 건가요?

006 ■ 가져갈 거예요.

007 ■ 빨대 주시겠어요?

008 ■ 케첩 주시겠어요?

009 ■ 커피 좀 더 주세요.

- **Can I order here?**
  캐나이 오덜 히얼

- **I'll have a cheese burger, please.**
  아일 해버 치즈 버거 플리즈

- **Combo No. 3, please.**
  콤보우 넘버 뜨리 플리즈

- **Hold the onion, please.**
  홀드 디 어니언 플리즈

- **For here or to go?**
  풔 히얼 오 투 고우

- **To go, please.**
  투 고우 플리즈

- **Please give me a straw.**
  플리즈 김 미 어 스트로

- **Ketchup, please.**
  케첩 플리즈

- **More coffee, please.**
  모어 커피 플리즈

- **Do you want a drink?**
  두 유 원터 드링

- **It's on me, today!**
  잇츠 언 미 터데이

- **Cheers!**
  치얼스

- **Bottoms up!**
  바텀스 업

- **One for the road.**
  원 풔 더 로우드

- **Let's go barhopping!**
  렛츠 고우 바아하핑

- **I'll have another.**
  아일 해브 어나더

- **On the rocks, please.**
  언 더 락스 플리즈

- **Have you tried Korean soju?**
  해뷰 트라이드 커리언 소주

001 ■ 술 마시는 거 좋아해?

002 ■ 술 마시는 거 좋아해.

003 ■ 술 별로 안 좋아해.

004 ■ 그는 술고래야.

005 ■ 나 알딸딸해.

006 ■ 나 많이 취했어.

007 ■ 점점 취하는 것 같아.

008 ■ 토하고 싶어.

009 ■ 나 필름이 끊겼어.

○ **Do you like to drink?**
두 유 라익 투 드링크

○ **I love drinking.**
아이 러브 드링킹

○ **I don't like drinking.**
아이 돈 라익 드링킹

○ **He drinks like a fish.**
히 드링크스 라이커 피쉬

○ **I feel tipsy.**
아이 필 팁시

○ **I got hammered.**
아이 갓 해멀드

○ **I'm getting drunk.**
아임 게링 드렁크

○ **I want to throw up.**
아이 원 투 드로우 업

○ **I blacked out.**
아이 블랙다웃

배운 내용을 다시 한 번 영어로 말해보세요.

1. 수강 신청이 꽉 찼어.
   The (   ) is (   ).

2. 나 오늘밤 야근이야.
   I'm on (   ) tonight.

3. 일정이 너무 빠듯해.
   The (   ) is very (   ).

4. 나 바람 맞았어.
   I was (   ) up.

5. 양파는 빼고 주세요.
   (   ) the (   ), please.

6. 영원히 사랑할 거예요.
   I'll love you (   ).

✏️ 정답

1 class, full	**2** duty
3 schedule, tight	**4** stood
5 Hold, onion	**6** forever

다음에 나오는 우리말을 영어로 말해보세요.

1. 이번 시험 망쳤어.

2. 특산 요리가 있나요?

3. 계산해 주세요.

4. 여기 단골이에요.

5. 자, 건배해요!

6. 점점 취하는 것 같아.

정답

1 I blew the test.　　　**2** Do you have local dishes?

3 Please give me the bill.　　　**4** I'm a regular here.

5 Cheers!　　　**6** I'm getting drunk.

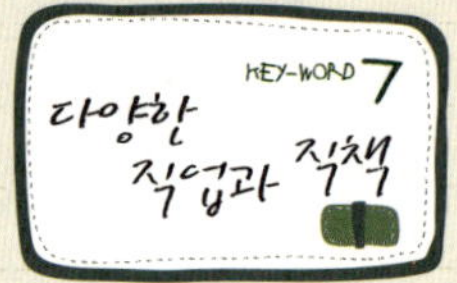

사무직	white-collar worker	화이트 칼러 워커
노무직	blue-collar worker	블루 칼러 워커
사업가	businessman	비즈니스맨
공무원	public servant	퍼블릭 써번트
교수	professor	프러페서
선생님	teacher	티-처
회계사	accountant	어카운턴트
변호사	lawyer	로여
정치가	statesman	스테이츠맨
통역사	interpreter	인터프리터
의사	doctor	닥터
간호사	nurse	너-스
치과의사	dentist	덴티스트
비서	secretary	세크러테리
아나운서	announcer	어나운서
기자	reporter	리포터

감독	director	디렉터
배우	actor	액터
사진사	photographer	퍼타그러퍼
미용사	hair-stylist	헤어 스타일리스트
기술자	engineer	엔지니어
요리사	cook	쿡
세탁업자	laundryman	론드리먼
조종사	pilot	파일럿
승무원	crew	크루-
여자승무원	stewardess	스튜-어더스
음악가	musician	뮤-지션
화가	painter	페인터
경찰관	policeman	펄리-스맨
관리자	administrator	어드미너스 트레이터
실장	office manager	어피쓰 매니저
감독, 현장주임	supervisor	수퍼바이저
조수	assistant	어시스턴트
지배인	manager	매니저
지점장	branch manager	브랜치 매니저
기획자	planner	플래너
과장	section chief	섹션 치-프
전무	managing director	매니징 디렉터
사장	chief executive	치-프 이그제큐티브
최고경영자	CEO(chief executive officer)	

Part 8
전화

001 ■ 미스터 김 계세요?

002 ■ 여보세요. 톰 있나요?

003 ■ 통화하기 괜찮아요?

004 ■ 거기가 김 박사님 사무실입니까?

005 ■ 밀러 씨 부탁해요.

006 ■ 여보세요, 존슨 씨 입니까?

007 ■ 저는 김입니다.

008 ■ 전화해줘서 고마워요.

009 ■ 조금 천천히 말씀해 주세요.

○ **Is Mr. Kim in?**
이즈 미스터 킴 인

○ **Hello. Is Tom there?**
헬로. 이즈 톰 데얼

○ **May I talk to you now?**
메아이 톡 투 유 나우

○ **Is this Dr. Kim's office?**
이즈 디스 닥터 킴스 어퓌스

○ **Mr. Miller, please.**
미스터 밀러, 플리즈

○ **Hello. Is this Mr. Johnson?**
헬로우. 이즈 디스 미스털 잔슨

○ **This is Kim speaking.**
디스 이즈 킴 스피킹

○ **Thank you for calling.**
땡큐 풔 콜링

○ **Please speak more slowly.**
플리즈 스픽 모어 슬로우리

001	■	전화 받으세요.
002	■	7번 전화예요.
003	■	누구십니까?
004	■	접니다.
005	■	존슨 씨, 전화 왔어요.
006	■	연결해 드릴게요.
007	■	전화를 돌려드릴게요.
008	■	기다리시겠어요?
009	■	전화 받으세요.

- **There's a call for you.**
  데얼저 콜 풔 유

- **Line seven, please.**
  라인 쎄븐 플리즈

- **who's calling, please?**
  후즈 콜링 플리즈

- **Speaking.**
  스피킹

- **Mr. Johnson, phone for you.**
  미스터 존슨, 폰 풔 유

- **I'll put you through, sir.**
  아일 풋 유 뜨루 써

- **I'll transfer your call.**
  아일 트렌스퍼 유어 콜

- **Would you like to hold?**
  우쥬 라익 투 홀드

- **Please answer the phone.**
  플리즈 앤썰 더 폰

Who do you wish to speak to?
후 두 유 위시 투 스픽 투

May I speak to Tom, please?
메아이 스픽 투 탐 플리즈

Just a moment, please.
저슷터 모먼트 플리즈

I'll put him through.
아일 풋 힘 뜨루

I can't get through.
아이 캔 겟 뜨루

Tom, there's a call for you.
탐, 데얼즈 어 콜 풔 유

Who's on the line?
후즈 온 더 라인

Mr. Lee is on the line.
미스터 리 이즈 온 더 라인

Thank you for waiting.
땡큐 풔 웨이링

001 ■ 그는 통화중이에요.

002 ■ 통화중이에요.

003 ■ 이대로 기다릴게요.

004 ■ 곧 통화를 끝냅니다.

005 ■ 내가 다시 전화할게요.

006 ■ 지금 전화 받기 곤란해요.

007 ■ 누구 전화 좀 받아주세요.

008 ■ 나중에 다시 전화해 주시겠어요?

009 ■ 언제가 편하세요?

- **He's on the phone.**
  히즈 온 더 폰

- **The line is busy.**
  더 라인 이즈 비지

- **I'll hold.**
  아일 홀드

- **I'll be done in minute.**
  아일 비 던 인 미닛

- **I'll call you back.**
  아일 콜 유 백

- **I can't talk right now.**
  아이 캔 토크 롸잇 나우

- **Somebody, answer the phone.**
  썸바디, 앤썰 더 폰

- **Could you call him again later?**
  쿠쥬 콜 힘 어겐 레이더

- **When is a good time for you?**
  웬 이저 굳 타임 풔 유

001 ■ 지금 회의 중이세요.

002 ■ 점심식사 하러 나갔어요.

003 ■ 퇴근하셨어요.

004 ■ 오늘 휴가예요.

005 ■ 언제쯤 돌아오실까요?

006 ■ 곧 돌아올 거예요.

007 ■ 그녀는 외출중이에요.

008 ■ 방금 나가셨어요.

009 ■ 아직 안 나오셨어요.

○ **He's in a meeting right now.**
히즈 이너 미링 롸잇 나우

○ **She went out for lunch.**
쉬 웬트 아웃 풔 런치

○ **He's gone for the day.**
히즈 곤 풔 더 데이

○ **He's off today.**
히즈 오프 터데이

○ **When is he coming back?**
웬 이즈 히 커밍 백

○ **He should be back soon.**
히 슈드 비 백 쑨

○ **She's out now.**
쉬즈 아웃 나우

○ **He just stepped out.**
히 저슷 스텝트 아웃

○ **He's not in yet.**
히즈 낫 인 옛

001 ■ 메시지를 남겨도 될까요?

002 ■ 메시지를 받아주실래요?

003 ■ 메시지를 전해드릴까요?

004 ■ 뭐라고 전해드릴까요?

005 ■ 중요한 일은 아니에요.

006 ■ 제게 전화해 달라고 전해주세요.

007 ■ 나중에 다시 걸게요.

008 ■ 메시지를 전해드릴게요.

009 ■ 전화 왔었다고 전해드릴게요.

○ **May I leave a message?**
메아이 리브 어 메시쥐

○ **Would you take a message?**
우쥬 테이커 메시쥐

○ **Can I take a message?**
캐나이 테이커 메시쥐

○ **What should I tell him?**
왓 슈드 아이 텔 힘

○ **It's not important.**
잇츠 낫 임포어턴트

○ **Please tell him to call me back.**
플리즈 텔 힘 투 콜 미 백

○ **I'll call him back.**
아일 콜 힘 백

○ **I'll give him your message.**
아일 깁 힘 유어 메시쥐

○ **I'll tell him you called.**
아일 텔 힘 유 콜드

001 ■ 이제 전화를 끊어야겠어요.

002 ■ 이만 전화 끊을게요.

003 ■ 나중에 다시 걸게요.

004 ■ 10분 후에 다시 걸게요.

005 ■ 그녀가 다시 전화한대요.

006 ■ 언제든지 전화주세요.

007 ■ 계속 연락하죠.

008 ■ 얘기 즐거웠어요.

009 ■ 전화 주셔서 감사합니다.

- **I have to go now.**
  아이 햅 투 고우 나우

- **I'm hanging up now.**
  아임 행잉 업 나우

- **I'll call back later.**
  아일 콜 백 레이러

- **I'll call again in ten minutes.**
  아일 콜 어겐 인 텐 미닛츠

- **She said she'll call again.**
  쉬 쎄드 쉬월 콜 어겐

- **Call me anytime.**
  콜 미 애니타임

- **Let's keep in touch.**
  렛츠 키핀 터치

- **Nice talking to you.**
  나이스 토킹 투 유

- **Thank you for your call.**
  땡큐 풔 유어 콜

001 ■ 그 번호는 결번이에요.

002 ■ 전화 잘못 거셨어요.

003 ■ 신호가 안 떨어져요.

004 ■ 전화 감이 멀어요.

005 ■ 전화가 혼선야.

006 ■ 전화가 계속 끊어져.

007 ■ 이 전화는 고장이야.

008 ■ 전화감이 정말 안 좋군요.

009 ■ 전화가 먹통이야.

- **The number's not in service.**
  더 넘버스 낫 인 써뷔스

- **You've got the wrong number.**
  유브 갓 더 롱 넘버

- **There's no dial tone.**
  데얼즈 노우 다이얼 톤

- **You sound far away.**
  유 싸운드 퐈 어웨이

- **The lines are crossed.**
  더 라인즈 아 크로스드

- **The line keeps going dead.**
  더 라인 킵스 고잉 데드

- **This telephone is out of order.**
  디스 텔러폰 이즈 아웃 오브 오더

- **I can't hear real well.**
  아이 캔 히얼 륄 웰

- **The line's dead.**
  더 라인스 데드

80 휴대폰이나 교환전화

001 ■ 휴대폰으로 연락할까?

002 ■ 문자메시지 보낼게.

003 ■ 휴대폰도 꺼놓고 뭐해요?

004 ■ 배터리가 다 되서 끊어졌어요.

005 ■ 한국인 교환 부탁합니다.

006 ■ 장거리 전화 부탁합니다.

007 ■ 긴급입니다.

008 ■ 전화 끝났습니까?

009 ■ 끊지 말고 기다려 주세요.

- **Can I call you on your cell phone?**
  캐나이 콜 유 언 유어 쎌 폰

- **I'll send you a text message.**
  아일 쎈드 유 어 텍슷 메시쥐

- **Why was your phone off?**
  와이 워즈 유어 폰 어프

- **My cell phone went dead.**
  마이 쎌 폰 웬트 데드

- **Korean operator, Please.**
  커리언 아퍼레이러 플리즈

- **Long distance call, please.**
  롱 디스턴쓰 콜 플리즈

- **This is an emergency.**
  디스 이전 이머전씨

- **Are you through?**
  아 유 뜨루

- **Hold on a minute, please.**
  홀던 어 미닛 플리즈

배운 내용을 다시 한 번 영어로 말해보세요.

1. 여보세요. 톰 있나요?
   Hello. (   ) Tom (   )?

2. 누구십니까?
   who's (   ), please?

3. 내가 다시 전화할게요.
   I'll (   ) you (   ).

4. 바꿔 드릴게요.
   I'll put him (   ).

5. 통화중이에요.
   The (   ) is (   ).

6. 배터리가 다 되서 끊어졌어요.
   My (   ) went dead.

✏️ 정답

1 Is, there	**2** calling
3 call, back	**4** through
5 line, busy	**6** cell phone

다음에 나오는 우리말을 영어로 말해보세요.

1. 전화해줘서 고마워요.

2. 메시지를 남겨도 될까요?

3. 이만 전화 끊을게요.

4. 나중에 다시 걸게요.

5. 얘기 즐거웠어요.

6. 전화가 먹통이야.

 정답

1 Thank you for calling.	**2** May I leave a message?
3 I'm hanging up now.	**4** I'll call back later.
5 Nice talking to you.	**6** The line's dead.

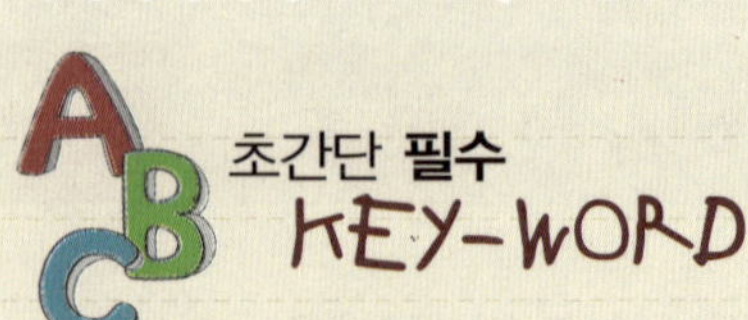

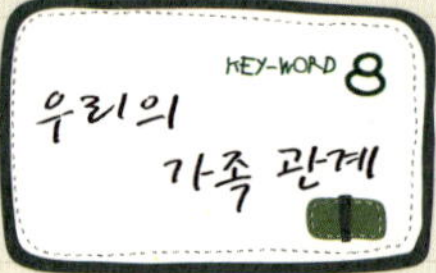

조부모	grandparents	그랜드페어런츠
할아버지	grandfather	그랜(드)파더
할머니	grandmother	그랜(드)머더
부모	parents	페어런츠
아버지	father	파더
어머니	mother	머더
남편	husband	허즈번드
아내	wife	와이프
아들	son	선
딸	daughter	도터
형제	brother	브러더
자매	sister	시스터
누나	big sister	빅 시스터
삼촌	uncle	엉클
숙모	aunt	앤트
남자조카	nephew	네퓨